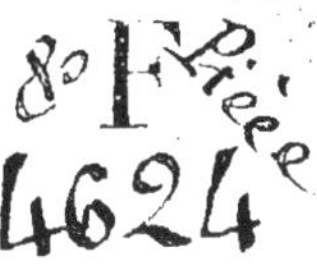

Dr ANDRÉ DE MADAY

PROFESSEUR A LA FACULTÉ DE DROIT DE L'UNIVERSITÉ
DE NEUCHATEL

ESSAI D'UNE EXPLICATION SOCIOLOGIQUE

DE

L'ORIGINE DU DROIT

(Théorie de la valeur des droits)

INDICE DÉCIMAL 3oi : 34o.12

PRIX : UN FRANC

PARIS (V^e)

V. GIARD & E. BRIÈRE

LIBRAIRES-ÉDITEURS

16, RUE SOUFFLOT ET RUE TOULLIER, 12

1911

ESSAI D'UNE EXPLICATION SOCIOLOGIQUE

DE

L'ORIGINE DU DROIT

Dr ANDRÉ DE MADAY

PROFESSEUR A LA FACULTÉ DE DROIT DE L'UNIVERSITÉ
DE NEUCHATEL

ESSAI D'UNE EXPLICATION SOCIOLOGIQUE

DE

L'ORIGINE DU DROIT

(Théorie de la valeur des droits)

INDICE DÉCIMAL 301 : 340.12

PARIS (V^e)

V. GIARD & E. BRIÈRE

LIBRAIRES-ÉDITEURS

16, RUE SOUFFLOT ET RUE TOULLIER, 12

1911

A JULES PIKLER

Professeur à l'Université

et

Président de la Société de Sociologie à Budapest

Hommage sincère.

ESSAI D'UNE EXPLICATION SOCIOLOGIQUE
DE
L'ORIGINE DU DROIT

I

INTRODUCTION

1. — En abordant la question de l'origine du droit, j'agis dans l'espoir de pouvoir fournir une modeste contribution à la conception moniste du monde et à l'unité des lois naturelles. Je suivrai donc le chemin tracé par le prof. *Pikler*, dont je suis fier de me considérer comme l'élève, en voyant dans le caractère rationnel de nos actions un élément naturel. Je m'attacherai au principe dynamique du prof. *Ward* et à la conception énergétique du prof. *Ostwald* et cela, avec d'autant plus de plaisir, que j'ai exprimé déjà, en 1907, le désir [1] de voir la loi de la conservation des forces s'appliquer au

1. *Les Bases psychologiques de la sociologie* (*Archives de Psychologie*, t. VII ,n° 25).

domaine social. J'apprécierai en même temps le point de vue si juste du prof. *Külpe*, qui, en ramenant nos actions aux sensations du plaisir et de la douleur, nous a fourni une base vraiment naturaliste pour expliquer les évaluations qui précèdent une action.

Par contre, je prendrai nettement position contre tous ceux qui croient impossible d'appliquer les lois naturelles au domaine social, sans me soucier de savoir si cette méfiance vient de la part de ceux qui n'ont pas su se débarrasser de l'ancienne conception anthropomorphique ou bien si elle a son origine dans un milieu scientifique. D'ailleurs, le premier groupe d'adversaires ne saurait plus être pris au sérieux à notre époque. Il n'en est pas de même pour le second, car, nous voyons des naturalistes sérieux, ayant foi dans les lois qui régissent le domaine qu'ils étudient, qui, eux aussi, nient carrément la validité des lois naturelles pour la société. J'ai nommé M. *Le Dantec*. Ses ouvrages étant inspirés par l'idée que la mensuration et l'expérimentation forment l'élément essentiel de toute science, son point de vue l'amène à déclarer (*Définition de la science*. Paris, 1908) que « les vérités scientifiques n'ont rien à voir avec ce qu'on appelle couramment les vérités humaines ou vérités sociales », car, dit-il (p. 24), « dès qu'un être vivant entre en jeu, l'observateur humain est désarmé ».

Pour montrer que cette manière de voir n'est nullement le privilège de l'esprit français, je me contente de citer le cas de M. Gustave *Landauer* qui (dans l'excellente collection *Die Gesellschaft*, éditée par Martin *Buber*), commence son livre sur les révolutions par les paroles suivantes : « La sociologie n'est pas une science, et même si elle l'était, la révolution restera, pour des causes spéciales, inaccessible à toute étude scientifique. »

C'est précisément dans le but de réfuter ces opinions que je tiens à envisager l'origine du droit d'un point de vue sociologique, pour démontrer, à l'aide des faits, que *le droit*, c'est-à-dire le principe qui, sous des formes multiples, détermine, et règle l'organisation de la société même, *est un produit naturel.*

Déjà *Spencer* affirmait la validité des forces naturelles dans la vie sociale, en attribuant toute vie et toute évolution à la transformation de l'énergie solaire ; mais il a omis de fournir des preuves à l'appui de son idée, et jusqu'à nos jours une chaîne continue de causalité, devant relier les phénomènes sociaux aux autres phénomènes naturels fait défaut.

Certes, on a déduit du besoin de conservation de l'individu et de l'espèce : l'égoïsme et l'utilitarisme, et de ce dernier, le phénomène des luttes de classes. Aussi, a-t-on expliqué à l'aide de la psychophysique le langage, le jeu et l'art, par l'effort et par l'abondance de la force, donc d'une façon énergétique. Deux domaines très étendus de la vie sociale rentrèrent ainsi dans le système moniste de l'univers.

Mais un domaine non moins étendu de la vie sociale, et l'un des plus importants, celui qui influence et réglemente tous les autres : *le droit*, n'a pas été expliqué jusqu'à présent d'une façon naturaliste. Pourtant, sans cela, la conception moniste de la société ne reste qu'un *pium desideratum.* En feuilletant les traités de philosophie du droit ou de sociologie, on est étonné de voir que le droit n'a rien de commun avec les autres phénomènes naturels. Il semblerait presque que le principe de l'énergie, dont la validité peut être observée jusque dans les œuvres de Beethoven et de Liszt, s'évanouit devant la force de la loi et de la coutume.

Étant convaincu que la Sociologie, si elle veut

devenir la Science naturelle de la Société, n'a que le choix *d'être moniste ou de disparaître ;* j'espère, par la théorie que je vais exposer, faire un pas en avant, vers la réalisation de cet idéal de la Sociologie [1].

1. Lors du *VIe Congrès international de Psychologie,* à Genève, en 1909, où j'ai présenté ma théorie : M. *Amendola,* de Rome, me fit remarquer « qu'une théorie semblable fut récemment développée par M. Benedetto *Croce* (dans sa *Riduzione della philosophia del diritto alla philosophia dell' economia.* Naples, 1907), mais, en l'appuyant sur des considérations d'un ordre tout à fait différent ». Je ne connaissais pas le livre en question, mais je l'ai lu depuis. Or, j'ai constaté d'accord avec M. Amendola — que la théorie de M. Croce et la mienne diffèrent, en effet, par leurs bases mêmes. C'est précisément la base naturaliste dans laquelle je vois la force principale de ma théorie, qui fait défaut à la théorie de M. Croce. D'autre part, je tiens à constater que j'ai émis ma théorie à plusieurs reprises, et cela même avant M. Croce. Ainsi je me suis engagé dans cette voie, déjà en 1904, en envisageant dans mon *Cours de politique sociale* (publié à Budapest, en hongrois ; lithographié) les droits des individus comme l'équivalent de leurs valeurs. J'ai exposé, en résumé, toute la théorie, en 1906-1907, dans mes *Eléments de sociologie* (paru à Budapest, en hongrois, dans l'*Encyclopédie du Commerce,* rédigé par le Dr *Schack,* en 1907, mais écrit en 1906, donc avant que le livre de M. Croce soit paru). Depuis je l'ai signalé dans mes *Bases psychologiques de la Sociologie* (1907) et dans mes articles *Recht et Gesellschaft* parus dans le *Geographisches Jahrbuch* (Gotha, vol. XXXII), en 1909, sous la direction du prof. *Friedrich.* Enfin, j'ai formulé brièvement ma théorie dans l'*Almanach de Cœnobium pour 1910* (Lugano) sous le titre : *Pour servir d'introduction à une Philosophie moniste du droit.*

L'ORIGINE NATURELLE DU DROIT

L'expérience universelle nous enseigne la vérité suivante : *Les besoins*[1] *forcent les individus* (humains et autres) *d'agir rationnellement en se procurant des valeurs.* Tout ce qui est susceptible de satisfaire des besoins a de la valeur, et comme toute notre vie consiste dans la satisfaction de nos besoins multiples, toute notre vie se réduit à une activité procurant ou voulant procurer des valeurs.

Si toute notre activité a pour principe et pour but unique de nous procurer des valeurs, ce principe et ce but doivent être vrais pour le droit aussi. Si l'homme, étudié dans son activité matérielle, en vendant sa maison, en louant son travail, en achetant des bottines, est un être économique et rationnel, ces qualités qui font

1. Ces besoins sont eux-mêmes résultats de l'instinct de la conservation de l'individu et de l'instinct de la conservation de l'espèce.

partie de son caractère, ne pourront pas dispa
raître, quand il réclame des droits, quand il
vote une loi.

Peut-on prouver cette hypothèse ? Peut-on
démontrer que l'origine du droit est, elle aussi
économique et rationnelle ? Peut-on démontrer
que le but du droit, c'est aussi la satisfaction des
besoins, et par conséquent l'acquisition de
valeurs ?

Notre réponse est affirmative.

Nous affirmons que le droit n'est pas un phénomène artificiel [1] n'ayant rien de commun
avec la nature. Au contraire, nous avons la con-
viction que *le droit apparaît en même temps
que la vie sociale*, et qu'*il apparaît forcément
partout où des êtres collaborent*. Toute relation
entre deux êtres (voire même entre un être et un
corps inaminé), est forcément une *relation juridique* (allem. *Rechtsverhältniss*), ayant pour but
effectif de satisfaire les besoins des deux parties
ou au moins ceux de l'une, par l'acquisition de
valeurs.

Examinons les formes diverses sous lesquelles
ce principe se présente dans la vie.

---

1. Du point de vue scientifique, moniste, tout est naturel.
J'emploie ici le mot artificiel dans le sens de « surnaturel ».

LE DROIT DU PLUS FAIBLE

ET SES TROIS FORMES

La forme la plus rudimentaire de l'acquisition des valeurs est celle où l'acquisition d'une partie de notre entourage est *immédiatement suivie* par sa destruction. C'est la **consommation immédiate**, par exemple, quand l'homme cueille ou saisit un fruit et le mange, ou quand la bête fauve attrape et dévore sa proie. En pareil cas, il n'en résulte *aucune relation* AUCUN DROIT ENTRE LES DEUX PARTIES, car un droit (une relation), suppose un élément durable. Le soi-disant « *droit du plus fort* » n'est donc *pas un droit* dans le sens scientifique du mot, parce qu'il se manifeste dans la simple *destruction du plus faible par le plus fort*.

1° Droit en échange
de la valeur de consommation

L'Épargne

a) Le cas le plus primitif d'une *relation* entre l'individu et son entourage, c'est l'épargne. Elle est la *conservation* (pour une durée plus ou moins limitée) d'un objet qui a une valeur de consommation pour lui. C'est par cette conservation que la situation de l'individu vis-à-vis de son entourage *cesse d'être unilatérale* pour devenir une relation.

Si, dans la consommation immédiate, c'est-à-dire à l'état de *lutte universelle (bellum omnium contra omnes)*, l'intérêt du consommateur et de sa proie étaient *diamétralement opposés*, par contre, dans l'épargne, il existe déjà une minimale *harmonie des intérêts*, par le fait que l'intérêt du consommateur (du plus fort), de garder, quoique pour une durée limitée, un corps (dans le sens physique du mot) pour l'épargne, *coïncide* avec la tendance naturelle de ce corps à maintenir son existence.

Si, dans la consommation immédiate, dans la lutte universelle, tout avantage était assuré unilatéralement au plus fort, grâce à sa force, par contre, dans l'épargne, le faible reçoit déjà, quoique limitée temporairement, l'assurance de son existence, en d'autres termes, *la reconnaissance* (quoique limitée) *de son droit à la vie.*

Le phénomène naturel de **l'épargne** nous prouve que la première, et la plus rudimentaire et la plus relative des relations entre les individus (corps), est, en même temps, *nécessairement* la première relation de droit ; mais le cas de l'épargne nous montre, en même temps, que c'est grâce à sa **valeur de consommation** que le plus faible reçoit des droits et que *le droit n'est autre chose que l'équivalent d'une valeur.*

b) Une forme plus perfectionnée de l'épargne est celle où le droit à la vie, que le plus fort assure au plus faible (quoique temporairement), ne s'épuise pas par la simple tolérance de son existence ; mais où ce droit embrasse, en même temps, une certaine *activité positive de la part du plus fort,* laquelle consiste dans la *défense de l'existence du plus faible vis-à-vis de forces tierces.* Les forces, vis-à-vis desquelles le plus fort protège le plus faible, peuvent être, aussi bien des forces naturelles, dans le sens étroit du mot (par exemple la défense du pain contre la moisissure ou du fruit contre la pourriture), que d'autres êtres vivants, ayant les mêmes besoins que le plus fort en question (par exemple, on défend son troupeau contre les loups).

2° DROIT EN ÉCHANGE
DE LA VALEUR DE PRODUCTION

L'Exploitation

Dans le cas de l'épargne que nous venons d'étudier, le but final de la conservation accordée au plus faible, c'est sa destruction par la consommation ; par conséquent son droit à l'existence a un caractère incertain, relatif. Un changement notable dans les relations du plus fort et du plus faible intervient seulement au moment où le plus faible acquiert aux yeux du plus fort, au lieu de la valeur de pure consommation *une valeur nouvelle :* **la valeur de production.**

La valeur productive du plus faible devient la source de nouveaux droits, beaucoup plus considérables que ceux acquis par la valeur consommative, parce qu'ils procurent au plus faible des *avantages positifs,* notamment l'*assurance systématique et durable du droit à la vie, en amenant le plus fort à fournir au plus faible les valeurs de consommation nécessaires pour son maintien*. Cette relation s'appelle **exploitation**.

Les exemples, pour les phénomènes d'exploitation, ne font pas défaut. L'un des cas les plus typiques et les plus connus, c'est l'*exploitation du sol* dans l'agriculture ; mais cette relation est en même temps l'une des formes les plus générales des rapports juridiques parmi les hommes. Le rôle qu'elle joue dans la vie sociale est tellement important qu'il y a des écoles scientifiques (telle l'école socialiste) qui voient dans l'*exploitation d'une classe par une autre* le principe dominant, voire même une « loi d'airain » de la société moderne.

3° DROITS EN ÉCHANGE DE LA VALEUR D'ÉCHANGE

La Collaboration

En dehors de la valeur de consommation et de la valeur de production, l'entourage de l'homme (de l'être) peut revêtir une troisième forme de valeur : **la valeur d'échange**. Cette forme de la valeur devient la source d'une nouvelle relation juridique : **de la collaboration**.

La collaboration joue surtout un grand rôle dans les relations interhumaines, et avec les progrès de la civilisation son domaine s'élargit constamment, et cela au détriment des deux autres formes de la valeur. C'est ainsi, par exemple, que l'homme qui a eu une valeur de consommation pour les anthropophages, et qui a passé ensuite, grâce à sa valeur de production, par l'esclavage, arrive enfin, grâce à sa valeur d'échange, à l'égalité par la collaboration. Le phénomène de la collaboration se présente partout où les individus ont intérêt à s'emparer des valeurs des autres, sans avoir en même temps la supériorité de force nécessaire pour atteindre leur but par la contrainte, c'est-à-dire : *avec ce phénomène la différence existant entre le plus fort et le plus faible a disparu.*

Exemples

Nous allons illustrer à présent notre théorie par des exemples, mais nous devons d'avance mettre tout le monde en garde contre les applications trop hâtives, car les trois formes de droit et de valeur que nous avons constatées ne se présentent que rarement sous leur forme typique. Au contraire, dans la vie nous ne rencontrons généralement que des combinaisons des trois formes et les formes pures sont excessivement rares. L'application de la théorie exige donc l'examen consciencieux des faits.

Déjà le cas susmentionné — où la conservation à courte échéance d'une valeur de consommation demande de la part du plus fort une activité protégeant le plus faible contre les influences destructives — a été un cas de *transition de l'épargne à l'exploitation*. Quelqu'un qui *consomme son capital épargné*, placé en actions, en le diminuant d'année en année en proportions égales, et qui devra nécessairement entretenir une correspondance, faire des courses et des démarches, s'armer contre des voleurs, etc., pour garder son avoir, ne diffère dans son attitude que très peu du cultivateur sans scrupules, qui déprécie presque méthodiquement *le champ qu'il exploite*, en lui rendant d'année en année moins de valeur qu'il ne lui en donne.

Un exemple non moins intéressant est celui où le même sujet juridique [1] *change périodiquement de valeur et par conséquent de droit*. C'est ce que nous voyons en examinant l'attitude de l'homme vis-à-vis du *gibier*.

Pendant la saison de la chasse, le gibier a une pure *valeur de consommation*, ce qui lui

---

1. Nous employons ce terme à la place de personne juridique.

assure le *droit problématique* d'avoir sa vie protégée contre les braconniers. Par contre, pendant la période prohibée, le gibier a, grâce à la procréation, une *valeur productive*, ce qui lui assure non seulement le *droit absolu à la vie*, mais souvent même des avantages réels, tel que la distribution de nourriture en cas de disette. Je crois qu'il serait difficile de trouver une preuve plus irréfutable pour la validité de ma « théorie de la valeur des droits ».

Des exemples pour la combinaison de la deuxième et de la troisième formes juridiques, se présentent souvent dans la vie sociale moderne. Ainsi, nous voyons qu'un patron qui, en ne considérant, comme exploiteur, que la *valeur productive* de ses ouvriers, ne veut leur assurer que le minimum de l'existence, se décide quand même à leur payer des salaires dépassant le minimum indispensable, parce que les ouvriers sont en même temps des *consommateurs* dont il désire augmenter la *valeur d'échange*.

La théorie de la valeur des droits nous explique aussi les causes des *transformations* que le *droit de certaines classes* a subies à travers les temps. Il n'est pas douteux, par exemple, que les succès du féminisme de nos jours, et notamment l'extension des droits de la femme, sont en relation causale avec la croissance de la valeur de la femme, due à une culture plus intense que dans le passé, à son activité économique croissante, à ses connaissances scientifiques et à sa participation aux œuvres philanthropiques et sociales.

Mais des cas plus compliqués ne se prêtent pas moins facilement à une explication par la même voie. Ainsi tel phénomène, apparemment si contradictoire, *où la valeur de l'individu diminue, tandis que son droit augmente.* Pour résoudre pareils problèmes à l'aide de la théorie de la valeur des droits, il suffit de les décomposer dans leurs éléments. A titre d'exemple, nous allons envisager brièvement le phénomène très connu dans l'histoire, que, dans plusieurs États, la situation des *serfs* a été améliorée précisément à une époque où leur valeur avait diminué considérablement, en partie par suite de l'augmentation de leurs besoins, et en partie grâce à la nécessité de passer de la culture extensive à la culture intensive des terres. Le problème est facile à résoudre, si nous nous rendons compte que la libération des serfs était plutôt l'œuvre de l'État et des législateurs en général, que de leurs patrons, les seigneurs. Il est vrai que les serfs ont perdu une partie de eur valeur en qualité d'ouvriers agricoles, mais ils ont acquis en même temps une valeur nouvelle et supérieure, dans un autre domaine de la production nationale, à savoir : pour l'industrialisme en train de se développer, et pour l'État qui le protégeait. *Ce n'est pas en échange de la valeur perdue en qualité d'ouvriers agricoles, mais en échange de la valeur acquise en qualité d'ouvriers de fabrique, qu'on leur a augmenté leurs droits.*

La théorie de la valeur des droits s'applique à ces cas, apparemment si compliqués, d'une façon tellement claire que nous pouvons même — pour les cas où la transformation en question s'est effectuée sans l'intervention notable d'autres forces — *mesurer la différence de valeur* existante à l'époque de l'apparition de la grande industrie, entre l'ouvrier agricole et l'ouvrier de fabrique, *par la différence du droit* qui les séparait. C'est le *droit de migration* qui est la mesure de cette différence ; on l'a accordé aux serfs en les libérant, afin que les ouvriers, dépréciés dans l'agriculture, puissent immigrer aux centres industriels des villes.

IV

LE DROIT DU PLUS FORT

1° Ses Fondements

Après avoir envisagé les droits du plus faible
et ses transformations, nous allons jeter un coup
d'œil sur le *droit du plus fort*. Quelle est sa
place dans la théorie de la valeur des droits ? Les
droits du plus fort, les avantages que le plus
faible lui assure, sont-ils également l'équivalent
d'une valeur ? N'est-ce pas en contradiction
évidente avec la théorie de la valeur des droits,
que l'homme, qui a comme but principal et
naturel de son activité d'*acquérir* des valeurs,
se décide, s'il est le « plus faible », à *sacrifier* des
valeurs, c'est-à-dire à les abandonner sans rece-
voir un équivalent ?

Non, l'abdication du plus faible, la perte qu'il
se décide à accepter, a, elle aussi, pour but
d'*assurer des valeurs*. Car, excepté le cas de la
destruction du plus faible — et alors aucune
relation ne subsistera — le plus fort assure au

plus faible, même s'il exploite, même s'il lui prend toutes ses valeurs, quand même une valeur : **la valeur de la paix**, c'est-à-dire *la possession exempte de vices* des valeurs qu'il lui a laissées, ne fût-ce que la vie.

La différence entre les droits du plus faible et les droits du plus fort peut être exprimée par conséquent sous la forme suivante : *le plus fort* (ou l'égal), en assurant des droits (des avantages) au plus faible, *abandonne une partie des valeurs* dont il dispose, *pour en gagner d'autres en échange ;* par contre, le plus faible, en assurant des droits (des avantages) au plus fort, *abandonne une partie des valeurs* dont il dispose, non pas pour en gagner d'autres en échange, mais *pour garder le reste.* C'est donc un fait, que la contrainte, elle aussi, assure des valeurs à celui vis-à-vis de qui elle s'exerce, qui est la seule explication des droits que le plus faible attribue (ouvertement ou tacitement) au plus fort.

2° EXEMPLES

Comme *exemples* pour le droit du plus fort, nous pouvons citer les cas suivants :

On fait l'aumône à un mendiant, qui ne la mérite pas du tout, mais qui, par son importunité, est plus fort que nous, pour se débarrasser de lui. Dans ce cas, on n'abandonne qu'une *minime partie* des valeurs dont on dispose, pour garder en paix le reste.

Un cas socialement plus intéressant est celui où quelqu'un abandonne la *majeure partie* des valeurs dont il pourrait disposer, pour ne garder que le minimum nécessaire à son existence. C'est précisément le cas de l'esclave exploité à outrance, qui (en supportant la situation qui lui est faite) reconnaît le droit du plus fort de lui ravir tous les produits de son travail, en lui assurant en échange au moins la vie.

Un cas analogue est celui du prisonnier condamné à la réclusion perpétuelle, qui, en supportant sa situation, reconnaît le droit de l'État de lui ravir sa liberté, en le privant de toutes ses valeurs, pour ne lui laisser *qu'une seule valeur : la vie elle-même.*

Dans la vie quotidienne, on considère généralement l'action qui s'effectue sous le poids de la contrainte comme n'étant pas précédée d'évaluation et de décision, c'est-à-dire comme involontaire. Je crois que le défaut de toute considération scientifique (psychologique) est tellement évident dans ce raisonnement, qu'il est inutile d'en entreprendre la réfutation. Néanmoins, je tiens à remarquer que sauf le cas où quelqu'un est transporté pieds et poings liés, donc comme un corps inanimé, toutes nos actions supposent une décision souveraine de notre organisme (réflexe, volonté), et ce n'est que la force des motifs déterminant ces actions, c'est-à-dire l'évaluation, qui diffère.

En vue du fait que les prisonniers ont généralement, et les esclaves presque toujours, la possibilité de se suicider, il est impossible de nier qu'ils préfèrent leur vie, réduite au minimum de jouissance, à la mort ou aux douleurs qui doivent la précéder ; en d'autres termes que *la vie a de la valeur à leurs yeux.* C'est donc en effet pour garder cette valeur minimale, qu'ils se décident à céder à la force majeure en abandonnant tout ce qu'ils possèdent au lieu de se suicider. D'ailleurs, il suffit de faire intervenir la *théorie de la valeur-limite* (appelée à tort *utilité limite*) pour comprendre l'attachement des esclaves et des prisonniers à leur vie.

Le caractère bilatéralement utilitaire et volon-

taire des rapports du plus fort et du plus faible,
et — de la part de ce dernier — le consentement,
encore que tacite, à l'exploitation et à l'oppres-
sion, sont des vérités tellement évidentes, que
même les porte-paroles des opprimés les recon-
naissent. J'ai nommé les auteurs socialistes. Ainsi
Engels assure, sans hésiter, dans son livre *Herrn
Eugen Dürings Umwälzung der Wissenschaft*
(p. 190) que l'introduction de l'esclavage était déjà
un progrès pour les prisonniers de guerre, aux-
quels il assurait au moins la vie, tandis qu'avant
l'introduction de l'eclavage ils étaient tués, voir
même rôtis. *Boudin*, dans son *Explication des
théories de Marx* (traduction allemande, p. 200),
affirme qu'en se basant uniquement sur la force
brutale, aucun régime de classes n'aurait pu se
maintenir. Enfin *Jaurès*, dans sa conférence
faite en 1907 à Genève, au Victoria Hall, sur
Jean-Jacques Rousseau, a déclaré nettement,
qu' « en réalité, quelle qù'ait été la puissance
des tyrans, aucun gouvernement n'eût vécu si
les opprimés n'avaient donné un minimum de
consentement ».

V

COMBINAISON DES DROITS
DU PLUS FAIBLE ET DES DROITS DU PLUS FORT

Déjà, en citant des exemples pour les droits
du plus faible, nous avons tenu à affirmer que
les cas typiques, pour les trois formes du droit
du plus faible, sont, en réalité, excessivement
rares et qu'on ne rencontre généralement que
des combinaisons de ces formes, et c'est alors
au sociologue à les ramener aux trois formes
typiques en décomposant les faits par l'analyse.
A présent, nous devons dire autant pour le
droit du plus faible, en général, en l'opposant
au droit du plus fort.

S'il est incontestable que, dans un grand
nombre de relations juridiques, on peut constater à première vue lequel des deux partis est le
plus faible, nous nous trouvons, par contre, pas
moins fréquemment vis-à-vis de *combinaisons
compliquées, comprenant tout un tissu de relations juridiques où chacun des deux partis pré-*

sente aussi bien des caractères de force que des caractères de faiblesse. On pourrait comparer ces cas à la situation stratégique de deux armées ennemies, où la supériorité de l'une d'elles, sur certains points, n'empêche pas son infériorité sur d'autres. *La question ouvrière et la lutte de classe socialiste* fournissent de nos jours un exemple de ce genre. Dans la lutte entre patrons et ouvriers on ne peut plus parler d'emblée de « plus fort » et de « plus ·faible ». Le champ de bataille où se livre leur lutte pour le droit est très vaste, et nombreux sont les points stratégiques. Si le capitalisme l'emporte sur un point, par contre, le syndicalisme gagne du terrain sur tel autre. Donc, pour étudier et apprécier la lutte sociale· de notre temps, c'est également l'analyse qu'il faut employer. D'ailleurs, je tiens à le remarquer ici : que l'une des espérances que j'attache à ma théorie, c'est qu'elle va permettre une explication plus systématique et une appréciation plus complète des luttes de classes que la conception matérialiste de l'histoire [1].

---

1. Inutile de dire que ma théorie ne s'oppose pas à la conception matérialiste de l'histoire en ce qu'elle a d'essentiel. Au contraire, elle la confirme en l'envisageant d'un point

Ainsi il me semble que, grâce à la théorie de la valeur des droits, une *loi sociologique* peut déjà être formulée, qui se dégage des déductions précédentes et de l'observation des luttes pour le droit.

C'est la *formule du progrès social* dont il s'agit, et je pourrais l'exprimer en ces termes : l'exploitation de l'homme par l'homme diminue, et la collaboration s'étend dans la mesure, dans laquelle la force et l'intelligence des opprimés et leur valeur pour l'humanité augmentent.

Avant de terminer il y a encore un exemple important, qui mérite notre attention, car il présente d'intéressants phénomènes de combinaison : c'est le *parasitisme,* connu aussi bien en biologie que dans la vie sociale. Déjà le cas susmentionné du mendiant rentre dans cette

de vue nouveau et en lui donnant une formule nouvelle. Confronter sous ce rapport aussi les théories de *Pikler,* surtout :

Pikler : Das Grundgesetz alles neuro-psychischen Lebens, zugleich eine physiologisch-psychologische Grundlage für den richtigen Teil der sog. materialistischen Geschichtsauffassung. Leipzig, 1900; *Pikler* et *Somlo :* Der Ursprung des Totemismus. Ein Beitrag zur materialistischen Geschichtstheorie. Berlin, 1900 ; *Pikler :* Das Beharren und die Gegensätzlickeit des Erlebens. Stuttgart, 1908; Ueber die biologische Funktion des Bewusstseins *(Rivista di Scienza.* Paris 1909) ; et L'erreur principale du matérialisme historique (article en langue hongroise dans la revue *Huszadik szàzad.* Budapest, 1910).

catégorie. Ajoutons à cela, à titre d'indication, que le rôle d'un capitaliste inactif, ne s'intéressant à aucune œuvre sociale, revêt le même caractère. Le parasitisme demande, du point de vue de la valeur des droits, une étude spéciale. Il sert souvent de transition entre l'exploitation du plus faible par le plus fort et entre la rupture de toute relation par la séparation. Il arrive aussi fréquemment, que c'est la collaboration qui se transforme en parasitisme, quand l'un des collaborateurs continue à participer aux avantages assurés par la collaboration, sans cependant continuer d'y contribuer par son travail (Comp. par exemple l'évolution des rapports de l'Église et de l'État depuis leur union primitive jusqu'à leur séparation, ou l'évolution de la situation de la femme dans la famille).

VI

CONCLUSION

———

La validité de la théorie de la valeur des droits étant prouvée, il en résulte que *le droit est soumis aux mêmes lois* (offre et demande, valeur limite, etc.) *qui ont été considérées jusqu'à nos jours comme étant des lois spécifiques de l'économie politique, mais que l'on devra dorénavant considérer comme des lois générales de la sociologie.* Étant établi par cela même que *le droit lui-même est une valeur,* et qu'on l'acquiert de la même façon que toute autre valeur : par l'échange ou par la force ; il en résulte que *gratuitement, inutilement, sans cause, nous ne conférons des droits à personne.*

En reconnaissant le caractère foncièrement utilitaire et rationnel du droit, *nous avons ramené les phénomènes juridiques à la base naturaliste, qui caractérise l'action de tous les êtres.*

L'homme, entrant ou voulant entrer en rapport juridique avec quelqu'un, ne diffère nullement, dans son activité, de tous les êtres vivants, lesquels, forcés par les besoins, se procurent des valeurs.

Mais la théorie de la valeur des droits renferme une vérité plus profonde encore. En effet, *la thèse que « l'homme agit en égoïste, c'est-à-dire qu'il attend de toutes ses actions un profit, qu'il ne fait rien gratuitement » n'est autre chose qu'une expression sociale de la loi énergétique de la conservation des forces.*

Je conclus.

La théorie de la valeur des droits nous prouve l'erreur de ceux qui prétendent voir dans le droit quelque chose d'artificiel, en démontrant que le droit, lui aussi, est un produit naturel, résultant inévitablement de la force des choses partout où des êtres collaborent.

La théorie de la valeur des droits établit le rapport de causalité existant entre le phénomène juridique et la nature des êtres vivants, et complète, par cela même, la chaîne infinie des phénomènes naturels.

Enfin, la théorie de la valeur des droits nous enseigne, que même la plus fière émanation de la volonté humaine : la loi, qui dispose de vie et de mort, ne doit pas son pouvoir à une force anthropomorphe, mais à l'énergie éternelle et omnipotente qui régit le monde.

TABLE DES MATIÈRES

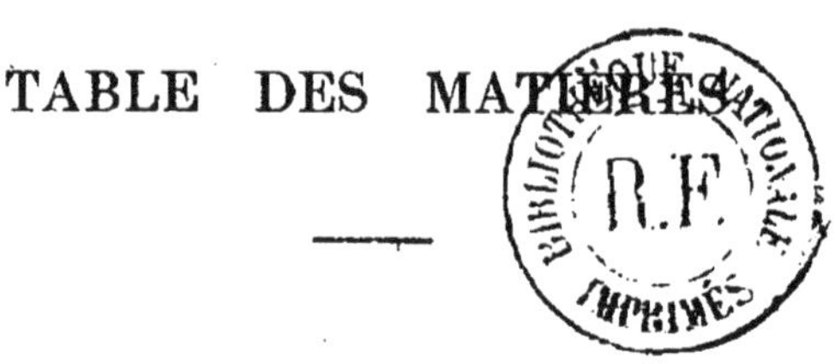

Imp. de la Librairie V. GIARD et E. BRIÈRE, 16, rue Soufflot

A LA MÊME LIBRAIRIE

Bibliothèque Sociologique Internationale (volumes in-8°).

Bibliothèque Internationale d'Économie Politique (volumes in-8° et in-18).

Bibliothèque Internationale de Droit Public (volumes in-8° et in-18).

Bibliothèque Internationale de Droit Privé et de Droit Criminel (volumes in-8°).

Bibliothèque Internationale de Science et de Législation Financières (volumes in-8°).

Bibliothèque Socialiste Internationale (volumes in-8° et in-18).

Bibliothèque Pacifiste Internationale (volumes in-18).

Collection des Doctrines Politiques (volumes in-18).

Encyclopédie Internationale d'Assistance, Prévoyance, Hygiène Sociale et Démographie (volumes in-18).

Études Économiques et Sociales (volumes in-8°).

Petite Encyclopédie Sociale, Économique et Financière (volumes in-18).

CATALOGUES EN DISTRIBUTION